VIVIENTE Y NO VIVIENTE

Bosque tropical

Cassie Mayer

Heinemann Library
Chicago, Illinois

© 2008 Heinemann
a division of Capstone Global Library, LLC.
Chicago, Illinois

Customer Service 888-454-2279

Visit our website at www.heinemannlibrary.com

Photo research by Erica Martin and Melissa Allison
Designed by Kimberly Miracle
Translation into Spanish produced by DoubleO Publishing Services
Printed and bound in the United States of America in North Mankato, Minnesota. 052013   007309RP
15 14 13
10 9 8 7 6 5 4 3 2

ISBN-13: 978-1-4329-0506-4 (hc)
ISBN-13: 978-1-4329-0512-5 (pb)

Library of Congress Cataloging-in-Publication Data
Mayer, Cassie.
  [Rain forest. Spanish]
  Bosque tropical / Cassie Mayer.
     p. cm. -- (Viviente y no viviente)
  Includes index.
  ISBN 1-4329-0506-6 (hc - library binding) -- ISBN 1-4329-0512-0 (pb)
  1. Rain forest ecology--Juvenile literature. 2. Rain forests--Juvenile literature. I. Title.
  QH541.5.R27M3918 2007
  577.34--dc22
                              2007029353

Acknowledgements
The author and publisher are grateful to the following for the permission to reproduce copyright material:
Alamy p. **19** (Gary Howell); Corbis p. **5** (Tom Bean), **11** (Royalty Free), **15**, **18** (Envision), **21** (Bob Krist), **23** (stream: Royalty Free); FLPA pp. **4** (Minden Pictures), **6** (Minden Pictures/JH EDITORIAL/CYRIL RUOSO), **7** (Minden Pictures/PETE OXFORD), **8** (Minden Pictures), **9** (Minden Pictures), **12** (Minden Pictures), **13** (Minden Pictures), **14** (Minden Pictures), **16** (David Hosking), **23** (rain forest trees: Minden Pictures); Getty Images p. **22** (Carlos Navajas), **23** (rain forest: Carlos Navajas); Nature Picture Library pp. **17** (Pete Oxford), **20** (Ingo Arndt); NHPA p. **10**.

Cover photograph reproduced with permission of Getty Images/Photodisc Red/John Wang. Back cover photograph reproduced with permission of Alamy (Royalty Free).

Every effort has been made to contact copyright holders of any material reproduced in this book. Any omissions will be rectified in subsequent printings if notice is given to the publisher.

Contenido

El hábitat del bosque tropical 4

Monos en el bosque tropical 6

Arroyos en el bosque tropical 10

Árboles en el bosque tropical 14

Mariposas en el bosque tropical . . 18

Glosario ilustrado *23*

Índice *24*

El hábitat del bosque tropical

Un bosque tropical es un área de tierra.
Un bosque tropical puede ser cálido y húmedo.

En un bosque tropical hay seres vivientes.
En un bosque tropical hay seres no vivientes.

Monos en el bosque tropical

mono aullador

¿Es un mono un ser viviente?

¿Necesita alimento un mono? *Sí.*
¿Necesita agua un mono? *Sí.*

¿Necesita aire un mono? *Sí.*
¿Crecen los monos? *Sí.*

Un mono es un ser viviente.

Arroyos en el bosque tropical

¿Es un arroyo un ser viviente?

¿Necesita alimento un arroyo? *No.*
¿Necesita más agua un arroyo? *No.*

¿Necesita aire un arroyo? *No.*
¿Crecen los arroyos? *No.*

Un arroyo no es un ser viviente.

Árboles en el bosque tropical

¿Es un árbol un ser viviente?

La luz del sol produce alimento para los árboles.

¿Necesita alimento un árbol? *Sí.*
¿Necesita agua un árbol? *Sí.*

15

¿Necesita aire un árbol? *Sí.*
¿Crecen los árboles? *Sí.*

Un árbol es un ser viviente.

Mariposas en el bosque tropical

¿Es una mariposa un ser viviente?

¿Necesita alimento una mariposa? *Sí.*
¿Necesita agua una mariposa? *Sí.*

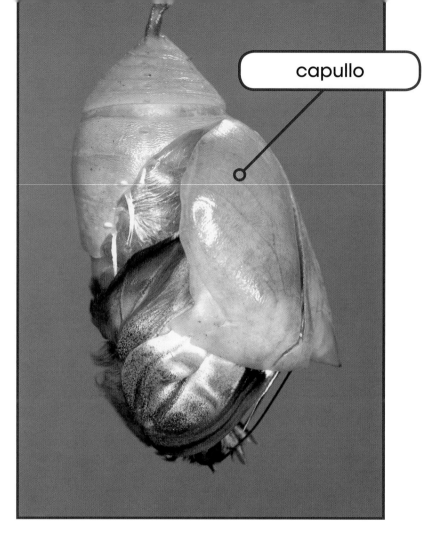

capullo

¿Necesita aire una mariposa? *Sí.*
¿Crecen las mariposas? *Sí.*

Una mariposa es un ser viviente.

Un bosque tropical es el hogar de muchos seres.
Un bosque tropical es un hábitat importante.

Glosario ilustrado

hábitat un área donde viven plantas y animales

bosque tropical un hábitat que puede ser cálido y húmedo

arroyo una pequeña masa de agua que fluye

Índice

árbol, 14-17

arroyo, 10-13, 23

hábitat, 4, 22-23

mariposa, 18-21

mono, 6-9

Nota a padres y maestros
Todos los libros de esta serie presentan textos que siguen patrones de preguntas y respuestas para identificar las características de los seres vivientes. Comente con los estudiantes otros seres vivientes y no vivientes que conozcan y pídales que piensen en otros criterios que les podrían ayudar a clasificar un objeto como viviente o no viviente.

El texto ha sido seleccionado con el consejo de un experto en lecto-escritura para asegurar que los principiantes puedan leer de forma independiente o con apoyo moderado. Se consultó a un experto para asegurar que el contenido sea preciso. Usted puede apoyar las destrezas de lectura de no ficción de los niños ayudándolos a usar el contenido, los encabezados, el glosario ilustrado y el índice.